The Magic of the Lost Melody: Bilingual Dutch-English Short Stories for Dutch Language Learners

Coledown Bilingual Books

Published by Coledown Bilingual Books, 2023.

While every precaution has been taken in the preparation of this book, the publisher assumes no responsibility for errors or omissions, or for damages resulting from the use of the information contained herein.

THE MAGIC OF THE LOST MELODY: BILINGUAL DUTCH-ENGLISH SHORT STORIES FOR DUTCH LANGUAGE LEARNERS

First edition. October 18, 2023.

ISBN: 979-8223274841

Written by Coledown Bilingual Books.

Table of Contents

De Geheimzinnige Schilderijen van Mevrouw Van der Linden

Mevrouw Adèle Van der Linden, een nette dame in de herfst van haar leven, woonde in een statig herenhuis aan de Keizersgracht in Amsterdam. Ze had altijd al een passie voor kunst gehad en was een trouwe bezoeker van het Rijksmuseum. Haar dagen waren gevuld met het organiseren van thee- en muziekavonden voor de lokale kunstgemeenschap. Maar onder haar kalme en aristocratische voorkomen school een fascinerend geheim dat Mevrouw Van der Linden in haar greep hield.

Het begon met een oude vriend, de heer Karel de Vries, een gerenommeerde kunsthandelaar in de stad. Op een regenachtige namiddag bracht de heer De Vries een mysterieus schilderij naar Mevrouw Van der Linden's salon. Het schilderij was van een onbekende kunstenaar, maar straalde een ongrijpbare schoonheid uit. Het toonde een rustig Nederlands landschap met een molen aan de waterkant, gehuld in de zachte gloed van de ondergaande zon.

"Adèle," zei de heer De Vries met opwinding in zijn ogen, "dit schilderij is recentelijk ontdekt in een verlaten herenhuis in Leiden. Niemand weet wie de kunstenaar is, maar het heeft iets magisch."

Mevrouw Van der Linden was betoverd door het schilderij en besloot het te kopen. Ze hing het boven de antieke schouw in haar salon en raakte gefascineerd door het. Haar vrienden en gasten werden eveneens betoverd door de schoonheid ervan en vroegen zich af wie de mysterieuze kunstenaar was.

Mevrouw Van der Linden begon een onderzoek naar de herkomst van het schilderij en de identiteit van de kunstenaar. Ze bezocht antiquairs, archieven en kunstverzamelaars in de stad. Al snel ontdekte ze dat er meer van deze schilderijen bestonden, allemaal anoniem en allemaal met hetzelfde ongrijpbare gevoel van magie.

Met de hulp van de heer De Vries en haar vriendin, mevrouw Cornelia de Groot, een gerespecteerde kunsthistoricus, begon Mevrouw Van der Linden een speurtocht die haar door heel Nederland leidde. Ze verzamelde zeldzame boeken en oude kaarten, en interviewde kunstkenners en lokale bewoners in afgelegen dorpen. Elke ontdekking bracht haar dichter bij de waarheid achter de mysterieuze schilderijen.

Op een dag, terwijl ze een oud manuscript doorbladerde in de Leidse Universiteitsbibliotheek, vond Mevrouw Van der Linden een vermelding van een verloren gewaand schilderij met een gelijkaardig landschap. Het was bekend als "Het Geheim van Leiden" en was het werk van een obscure schilder genaamd Willem Vermeer. Haar hart bonsde van opwinding.

Ze volgde het spoor van Willem Vermeer naar een afgelegen dorpje in Zuid-Holland, waar ze ontdekte dat de schilder in de 17e eeuw had geleefd en zijn leven in mysterie gehuld was. De bewoners van het dorp vertelden haar verhalen over een excentrieke kunstenaar die in afzondering werkte en nooit zijn werk had tentoongesteld.

Mevrouw Van der Linden was vastbesloten om de verloren schilderijen van Willem Vermeer te vinden en zijn verhaal te ontrafelen. Ze reisde door pittoreske dorpjes en steden, en elke keer dat ze een schilderij ontdekte, voelde ze een diepe connectie met de kunstenaar en zijn mysterieuze leven.

Na jaren van speurwerk, ontdekte ze het meesterwerk van Willem Vermeer, een adembenemend doek dat het Nederlandse landschap en de ziel van de kunstenaar zelf vangde. Het schilderij straalde een buitengewone schoonheid en diepgang uit, en Mevrouw Van der Linden voelde een diep begrip voor de kunstenaar.

Ze besloot om een tentoonstelling te organiseren in het Rijksmuseum om het werk van Willem Vermeer te eren en zijn verhaal met de wereld te delen. Het evenement trok kunstliefhebbers en historici van over de hele wereld aan, en het werk van Willem Vermeer werd eindelijk erkend en gevierd.

Mevrouw Van der Linden's zoektocht naar de mysterieuze schilderijen en het ontrafelen van het leven van Willem Vermeer had niet alleen de kunstwereld verrijkt, maar had ook haar eigen leven veranderd. Ze had een diepere waardering ontwikkeld voor de kunst en de geschiedenis van haar geliefde Nederland, en haar passie voor het onbekende en het mysterieuze was sterker dan ooit.

Op een dag, terwijl ze voor het laatst naar "Het Geheim van Leiden" staarde, voelde Mevrouw Van der Linden de aanwezigheid van de oude kunstenaar om haar heen. Ze glimlachte en besefte dat sommige geheimen nooit volledig worden onthuld, maar dat hun magie voortleeft in de kunst en de verbeelding van degenen die erdoor worden geraakt.

Mrs. Van der Linden's Mysterious Paintings

Mrs. Adèle Van der Linden, a genteel lady in the autumn of her life, resided in an elegant townhouse on Keizersgracht in Amsterdam. She had always had a passion for art and was a devoted visitor to the Rijksmuseum. Her days were filled with organizing tea and music evenings for the local art community. But beneath her calm and aristocratic facade lay a fascinating secret that held Mrs. Van der Linden in its grip.

It began with an old friend, Mr. Karel de Vries, a renowned art dealer in the city. On a rainy afternoon, Mr. De Vries brought a mysterious painting to Mrs. Van der Linden's salon. The painting was by an unknown artist but exuded an elusive beauty. It depicted a serene Dutch landscape with a mill by the water, bathed in the soft glow of the setting sun.

"Adèle," Mr. De Vries said with excitement in his eyes, "this painting was recently discovered in an abandoned mansion in Leiden. No one knows who the artist is, but it has something magical."

Mrs. Van der Linden was enchanted by the painting and decided to purchase it. She hung it above the antique mantelpiece in her salon and became captivated by it. Her friends and guests were also spellbound by its beauty, and they wondered about the identity of the mysterious artist.

Mrs. Van der Linden embarked on an investigation into the painting's origins and the identity of the artist. She visited antique shops, archives, and art collectors in the city. She soon discovered that there were more of these paintings, all anonymous, and all carrying the same elusive sense of magic.

With the help of Mr. De Vries and her friend, Mrs. Cornelia de Groot, a respected art historian, Mrs. Van der Linden initiated a quest that led her across the Netherlands. She collected rare books and old maps, and interviewed art experts and local residents in remote villages. Every discovery brought her closer to the truth behind the mysterious paintings.

One day, while perusing an old manuscript in the Leiden University Library, Mrs. Van der Linden came across a mention of a long-lost painting with a similar landscape. It was known as "The Secret of Leiden" and was the work of an obscure painter named Willem Vermeer. Her heart pounded with excitement.

She followed the trail of Willem Vermeer to a remote village in South Holland, where she discovered that the painter had lived in the 17th century and his life was shrouded in mystery. The villagers told her stories of an eccentric artist who worked in seclusion and never exhibited his work.

Mrs. Van der Linden was determined to find Willem Vermeer's lost paintings and unravel his story. She traveled through picturesque villages and towns, and each time she discovered a painting, she felt a deep connection to the artist and his mysterious life.

After years of sleuthing, she found Willem Vermeer's masterpiece, a breathtaking canvas that captured the Dutch landscape and the artist's soul itself. The painting radiated extraordinary beauty and depth, and Mrs. Van der Linden felt a profound understanding of the artist.

She decided to organize an exhibition at the Rijksmuseum to honor Willem Vermeer's work and share his story with the world. The event attracted art lovers and historians from around the world, and Willem Vermeer's work was finally recognized and celebrated.

Mrs. Van der Linden's quest for the mysterious paintings and her unraveling of Willem Vermeer's life had enriched not only the art world but had also transformed her own life. She had developed a deeper appreciation for the art and history of her beloved Netherlands, and her passion for the unknown and the mysterious was stronger than ever.

One day, as she gazed at "The Secret of Leiden" for the last time, Mrs. Van der Linden felt the presence of the old artist all around her. She smiled and realized that some secrets are never fully revealed, but their magic lives on in the art and the imagination of those touched by them.

Het Geheim van de Vergeten Tuin

In het schilderachtige stadje Oudewater, waar de oude grachten de straten omlijsten en de huizen lijken te fluisteren over vervlogen tijden, woonde een zachtaardige vrouw genaamd mevrouw Sophie van den Berg. Ze was een ware liefhebber van tuinen en bracht haar dagen door met het verzorgen van haar prachtige bloementuin, die elk voorjaar in een zee van kleur bloeide. Haar groene vingers waren bekend in de hele buurt, en ze was altijd bereid om advies te geven over planten en bloemen aan iedereen die het vroeg.

Op een zonovergoten ochtend, terwijl mevrouw Van den Berg haar bloemen water gaf, ontdekte ze iets ongewoons in de schaduw van een oude eik. Een verwaarloosde tuin, verborgen achter een overwoekerde haag, ontsnapte aan het oog van de meeste voorbijgangers. Toen mevrouw Van den Berg dichterbij kwam, ontdekte ze een stenen fontein, begroeid met wilde klimop, en een prachtige rozenstruik die op het punt stond te bloeien.

Ze was gefascineerd door deze verborgen tuin, die leek te zijn vergeten door de tijd. Wie had ooit voor deze tuin gezorgd? En waarom was hij verwaarloosd? Mevrouw Van den Berg besloot het mysterie van de vergeten tuin te ontrafelen.

Met de hulp van haar vriendin, mevrouw Cornelia de Jong, een voormalig tuinarchitect, begon mevrouw Van den Berg een speurtocht die haar door Oudewater en verder leidde. Ze raadpleegden oude tuinboeken, bezochten de plaatselijke archieven en spraken met de oudere inwoners van de stad. Langzaam maar zeker begonnen ze het verhaal van de vergeten tuin te reconstrueren.

Tijdens hun onderzoek ontdekten ze dat de tuin ooit eigendom was geweest van een rijke weduwe genaamd mevrouw Mathilde van der Linden. Mevrouw van der Linden was een gepassioneerde tuinierster en had de tuin met liefde aangelegd, vol met zeldzame bloemen en exotische planten. Haar tuin was een juweel in Oudewater en werd bewonderd door iedereen die het zag.

Maar het noodlot had mevrouw Van der Linden getroffen toen haar enige zoon, Anton, vermist raakte tijdens de Eerste Wereldoorlog. Ze had het verlies van haar zoon nooit kunnen verwerken en had de tuin verwaarloosd, net zoals haar eigen hart was verwaarloosd.

Mevrouw Van den Berg en mevrouw De Jong waren vastbesloten om de tuin in ere te herstellen en de herinnering aan mevrouw Van der Linden en haar zoon te eren. Ze verzamelden zaden en stekken van zeldzame planten en begonnen met de zorgvuldige restauratie van de vergeten tuin.

Terwijl ze de tuin herstelden, ontdekten ze brieven en dagboeken van mevrouw Van der Linden, waarin ze haar liefde voor tuinieren en haar diepe verdriet over het verlies van haar zoon beschreef. Mevrouw Van den Berg voelde een diepe band met de vroegere tuinierster en begon zelfs haar eigen verlies te verwerken.

Het nieuws van de herstelde tuin verspreidde zich snel door Oudewater, en buren begonnen te helpen met de inrichting en het onderhoud van de tuin. De vergeten tuin werd een symbool van gemeenschapszin en eerbetoon aan degenen die waren vergeten.

Op een warme zomeravond organiseerden mevrouw Van den Berg en mevrouw De Jong een tuinfeest in de herstelde tuin, waarin ze de prachtige bloemen en de herinneringen aan mevrouw Van der Linden en haar zoon vierden. De tuin was gevuld met lachende kinderen, bloeiende bloemen en de geur van vergeten herinneringen die weer tot leven waren gewekt.

Mevrouw Van den Berg had niet alleen de vergeten tuin hersteld, maar had ook haar eigen hart geheeld. Ze besefte dat tuinen niet alleen plekken zijn van schoonheid en groei, maar ook van troost en herinnering. Haar dagen werden nog meer vervuld van het koesteren van bloemen en het delen van verhalen, en ze wist dat ze de tuin en de gemeenschap van Oudewater voor altijd had verrijkt.

The Secret of the Forgotten Garden

In the picturesque town of Oudewater, where old canals frame the streets and houses seem to whisper about bygone times, lived a gentle woman named Mrs. Sophie van den Berg. She was a true lover of gardens and spent her days tending to her beautiful flower garden, which bloomed in a sea of colors every spring. Her green thumbs were well-known throughout the neighborhood, and she was always willing to offer advice on plants and flowers to anyone who asked.

On a sun-drenched morning, while Mrs. Van den Berg was watering her flowers, she discovered something unusual in the shade of an old oak tree. A neglected garden, hidden behind an overgrown hedge, had escaped the notice of most passersby. As Mrs. Van den Berg drew closer, she found a stone fountain, covered in wild ivy, and a beautiful rosebush on the verge of blooming.

She was fascinated by this hidden garden, seemingly forgotten by time. Who had ever cared for this garden? And why had it been neglected? Mrs. Van den Berg decided to unravel the mystery of the forgotten garden.

With the help of her friend, Mrs. Cornelia de Jong, a retired landscape architect, Mrs. Van den Berg embarked on a quest that led her through Oudewater and beyond. They consulted old gardening books, visited the local archives, and spoke with the town's elder residents. Slowly but surely, they began to piece together the story of the forgotten garden.

During their investigation, they discovered that the garden had once belonged to a wealthy widow named Mrs. Mathilde van der Linden. Mrs. van der Linden was a passionate gardener who had lovingly designed the garden, filling it with rare flowers and exotic plants. Her garden was a jewel in Oudewater and was admired by everyone who saw it.

But fate had struck Mrs. Van der Linden when her only son, Anton, went missing during World War I. She had never been able to come to terms with the loss of her son and had let the garden fall into neglect, much like her own heart.

Mrs. Van den Berg and Mrs. De Jong were determined to restore the garden to its former glory and honor the memory of Mrs. Van der Linden and her son. They collected seeds and cuttings from rare plants and began the careful restoration of the forgotten garden.

While they restored the garden, they discovered letters and diaries of Mrs. Van der Linden, where she described her love for gardening and her deep sorrow over the loss of her son. Mrs. Van den Berg felt a deep connection with the former gardener and even began to process her own grief.

The news of the restored garden quickly spread throughout Oudewater, and neighbors began to help with the arrangement and maintenance of the garden. The forgotten garden became a symbol of community spirit and a tribute to those who had been forgotten.

On a warm summer evening, Mrs. Van den Berg and Mrs. De Jong organized a garden party in the restored garden, celebrating the beautiful flowers and the memories of Mrs. Van der Linden and her son. The garden was filled with smiling children, blooming flowers, and the scent of revived memories.

Mrs. Van den Berg had not only restored the forgotten garden but had also healed her own heart. She realized that gardens are not only places of beauty and growth but also of comfort and remembrance. Her days became even more filled with nurturing flowers and sharing stories, and she knew that she had enriched the garden and the community of Oudewater forever.

Het Mysterie van de Verdwenen Kattenmand

In het rustige stadje Leiden, waar de grachten stilletjes door de oude straten slingerden en de gevels van de huizen al eeuwenlang getuige waren van het dagelijkse leven, woonde een bijzondere vrouw genaamd mevrouw Amelia Van der Zee. Ze was een zachtaardige en wijze dame, met een onmiskenbare voorliefde voor katten.

Mevrouw Van der Zee had een rustig leven geleid, omringd door haar harige metgezellen. Ze had een prachtige witte Perzische kat genaamd Mimi en een ondeugende schildpadkat genaamd Oliver. Deze katten waren haar trouwe metgezellen en brachten troost en vreugde in haar dagelijkse routine.

Op een zonnige ochtend in de vroege lente ontdekte mevrouw Van der Zee iets dat haar hart deed stilstaan: Mimi's favoriete kattenmand was verdwenen. Het was een prachtige, met kant versierde mand die ze had geërfd van haar grootmoeder, en Mimi was er dol op. Mevrouw Van der Zee doorzocht het hele huis, maar de mand was spoorloos verdwenen.

Het mysterie van de verdwenen kattenmand begon mevrouw Van der Zee te kwellen. Ze wist dat ze ergens moest zijn, maar waar? Ze besloot om haar vriendin en buurvrouw, mevrouw Johanna Vermeer, om hulp te vragen. Mevrouw Vermeer was een energieke dame die altijd op zoek was naar raadsels om op te lossen.

Samen begonnen mevrouw Van der Zee en mevrouw Vermeer aan een speurtocht door Leiden, op zoek naar aanwijzingen over de verdwenen kattenmand. Ze ondervroegen buren, bezochten rommelmarkten en vroegen zelfs aan de plaatselijke dierenwinkel of iemand de kattenmand had gezien. Maar geen van hun inspanningen leidde tot succes.

Tijdens hun zoektocht begonnen de twee dames zich te realiseren hoeveel katten er in Leiden waren. Overal waar ze keken, zagen ze katten diep in dutjes verzonken, katten die in de zon lagen te luieren en katten die speels rondrenden. Het was alsof de hele stad was bevolkt door deze mysterieuze wezens.

Terwijl ze door de kronkelende straten van Leiden liepen, raakten mevrouw Van der Zee en mevrouw Vermeer betrokken bij de gemeenschap van kattenliefhebbers in de stad. Ze leerden over kattenverhalen, oude legendes en de eigenaardigheden van katten die de stad al eeuwenlang bevolkten.

Een oude vrouw vertelde hen over de legende van de kattenbeschermers, mysterieuze figuren die de katten van Leiden al generaties lang hadden beschermd. Deze beschermers zouden verloren voorwerpen en gestolen schatten terugvinden, maar alleen als ze dachten dat de persoon rechtvaardig was.

Mevrouw Van der Zee en mevrouw Vermeer besloten om een beroep te doen op de hulp van deze kattenbeschermers. Ze gaven een oprecht verzoek om de verdwenen kattenmand terug te brengen naar Mimi, de geliefde kat van mevrouw Van der Zee.

Op een nacht, terwijl de stad in stilte gehuld was, keerde de kattenmand plotseling terug naar mevrouw Van der Zee's huis.

Hij stond weer op zijn vertrouwde plek, alsof hij nooit was verdwenen. Mevrouw Van der Zee en Mimi waren verheugd, en de kattenmand werd met veel liefde en zorg omarmd.

Het mysterie van de verdwenen kattenmand was opgelost, en mevrouw Van der Zee en mevrouw Vermeer wisten dat er krachten waren die de band tussen mensen en katten koesterden. Ze vierden de terugkeer van de kattenmand met een speciale theekrans, waarbij ze verhalen deelden over katten en hun wonderlijke avonturen.

De stad Leiden, met zijn vele katten en verhalen, bleef een plek vol mysterie en betovering. Mevrouw Van der Zee en mevrouw Vermeer realiseerden zich dat het niet altijd nodig was om alle antwoorden te vinden, maar dat sommige mysteries en wonderen het leven juist kleur gaven. Terwijl ze genoten van de warme thee en elkaars gezelschap, wisten ze dat ze altijd deel zouden uitmaken van de magie van Leiden en haar katten.

The Mystery of the Vanishing Cat Basket

In the peaceful town of Leiden, where the canals meander quietly through ancient streets, and the facades of houses had borne witness to daily life for centuries, lived an exceptional woman named Mrs. Amelia Van der Zee. She was a gentle and wise lady with an unmistakable affection for cats.

Mrs. Van der Zee had led a tranquil life, surrounded by her furry companions. She had a beautiful white Persian cat named Mimi and a mischievous tortoiseshell cat named Oliver. These cats were her faithful companions, bringing comfort and joy to her daily routine.

One sunny morning in early spring, Mrs. Van der Zee discovered something that made her heart skip a beat: Mimi's favorite cat basket had vanished. It was a beautiful, lace-adorned basket she had inherited from her grandmother, and Mimi adored it. Mrs. Van der Zee searched the entire house, but the basket had disappeared without a trace.

The mystery of the vanishing cat basket began to trouble Mrs. Van der Zee. She knew it had to be somewhere, but where? She decided to seek help from her friend and neighbor, Mrs. Johanna Vermeer. Mrs. Vermeer was an energetic lady always on the lookout for puzzles to solve.

Together, Mrs. Van der Zee and Mrs. Vermeer embarked on a quest through Leiden in search of clues about the missing cat basket. They questioned neighbors, visited flea markets, and even inquired at the local pet store to see if anyone had seen the cat basket. However, their efforts yielded no success.

During their search, the two ladies began to realize how many cats there were in Leiden. Everywhere they looked, they saw cats dozing, cats basking in the sun, and cats playfully darting about. It was as if the entire city was populated by these mysterious creatures.

As they strolled through Leiden's winding streets, Mrs. Van der Zee and Mrs. Vermeer became involved in the community of cat lovers in the city. They learned about cat stories, old legends, and the quirks of cats that had populated the city for centuries.

An elderly woman told them about the legend of the cat protectors, mysterious figures who had safeguarded Leiden's cats for generations. These protectors were said to find lost items and stolen treasures, but only if they deemed the person to be just.

Mrs. Van der Zee and Mrs. Vermeer decided to appeal to the help of these cat protectors. They made a heartfelt plea for the return of the vanished cat basket to Mimi, Mrs. Van der Zee's beloved cat.

One night, while the city was cloaked in silence, the cat basket suddenly returned to Mrs. Van der Zee's house. It was back in its familiar spot, as if it had never disappeared. Mrs. Van der Zee and Mimi were overjoyed, and the cat basket was embraced with much love and care.

The mystery of the vanishing cat basket had been solved, and Mrs. Van der Zee and Mrs. Vermeer knew there were forces that cherished the bond between people and cats. They celebrated the return of the cat basket with a special tea party, sharing stories of cats and their wondrous adventures.

The town of Leiden, with its many cats and stories, remained a place of mystery and enchantment. Mrs. Van der Zee and Mrs. Vermeer realized that it wasn't always necessary to find all the answers, but that some mysteries and wonders added color to life. As they enjoyed their warm tea and each other's company, they knew they would always be a part of the magic of Leiden and its cats.

Het Verloren Boek

Het was een zonnige ochtend in het schilderachtige dorpje Zonnendaal, waar de geur van versgebakken broodjes zich vermengde met het vrolijke gefluit van vogels. In het hart van het dorp stond een charmante boekwinkel genaamd "Boekenhuisje Van de Wiele." Het was een plek waar woorden en verhalen de muren vulden en waar de tijd leek stil te staan.

De eigenaar van het boekenhuisje, mevrouw Emma Van de Wiele, was een vriendelijke dame met een passie voor boeken en een liefde voor het vertellen van verhalen. Haar winkel was een schatkamer van literaire schatten, en ze kende elk boek dat er te vinden was.

Op een rustige ochtend, terwijl mevrouw Van de Wiele haar boekhandel opende, ontdekte ze tot haar verbijstering dat er een boek ontbrak. Het was niet zomaar een boek, maar een zeldzaam exemplaar van een oude roman die ooit was geschreven door een lokale schrijver, Jonas De Vries. Het boek was een waardevolle schat voor het dorp, en het was spoorloos verdwenen.

Mevrouw Van de Wiele was verbijsterd en begon onmiddellijk met het doorzoeken van haar boekhandel. Ze controleerde elke plank, elke stapel boeken en zelfs de donkere hoekjes waar zelden iemand kwam. Maar het boek was nergens te bekennen.

De vermissing van het boek liet mevrouw Van de Wiele niet los. Ze besloot hulp te zoeken bij haar vriend en dorpsgenoot, meneer Sander de Graaf, een voormalig politie-inspecteur die altijd al een scherp oog voor details had gehad.

Samen begonnen ze aan een speurtocht door Zonnendaal om het raadsel van het verdwenen boek op te lossen. Ze ondervroegen dorpsbewoners, doorzochten tweedehands boekwinkels en bezochten zelfs de rommelmarkten in de omliggende dorpen. Maar hun zoektocht leidde niet tot enig spoor van het kostbare boek.

Terwijl ze door het dorp liepen, begonnen mevrouw Van de Wiele en meneer De Graaf te beseffen hoeveel boeken een rol hadden gespeeld in het leven van de dorpsbewoners. De boekhandel was niet alleen een plek waar verhalen werden verkocht, maar ook een ontmoetingsplaats voor mensen die van lezen hielden.

Op een dag kwamen ze in gesprek met een oude vrouw genaamd mevrouw Cornelia Koster, die hen vertelde over een oude legende over een verdwenen boek en een onopgelost mysterie. Ze sprak over een verhaal dat al generaties lang werd doorgegeven: het verhaal van Jonas De Vries en zijn verdwenen roman.

Het verhaal ging dat Jonas De Vries, een schrijver die het dorp ooit had geëerd met zijn woorden, zijn laatste roman had geschreven als een geschenk aan de gemeenschap. Het boek bevatte geheime boodschappen en aanwijzingen die alleen zouden worden onthuld als het op de juiste manier werd behandeld.

Mevrouw Van de Wiele en meneer De Graaf realiseerden zich dat ze niet alleen op zoek waren naar een boek, maar ook naar een erfenis die diep verweven was met de geschiedenis van Zonnendaal. Ze begonnen te geloven dat het verdwenen boek een boodschap bevatte die de dorpsbewoners weer dichter bij elkaar kon brengen.

Samen met mevrouw Koster ontcijferden ze de aanwijzingen die in de andere werken van Jonas De Vries waren verborgen. Ze leerden dat het verdwenen boek zich op een verborgen plek in het dorp bevond, en dat het de sleutel was tot het herstellen van verbindingen en het koesteren van de liefde voor lezen.

Op een heldere zomerdag, onder de schaduw van een eeuwenoude eik in het dorpspark, vonden ze het verdwenen boek. Het was verstopt in een holle boom, wachtend om herontdekt te worden door de mensen van Zonnendaal.

Mevrouw Van de Wiele heropende haar boekhandel en stelde het boek tentoon, met een bordje dat de bewoners uitnodigde om het te lezen en hun gedachten en herinneringen in de marges achter te laten. Het boek werd een gemeenschappelijke schat, een symbool van de band tussen de dorpsbewoners.

Terwijl de zon onderging boven Zonnendaal, wisten mevrouw Van de Wiele, meneer De Graaf en mevrouw Koster dat de verhalen van het dorp altijd zouden blijven voortleven, zowel in boeken als in de harten van de mensen die ze liefhadden. Het dorpje Zonnendaal was en zou altijd een plek zijn waar woorden en verhalen leefden en gedijden, en waar het raadsel van de verloren boekwinkel een hoofdstuk werd in de geschiedenis van de gemeenschap.

The Lost Book

It was a sunny morning in the picturesque village of Zonnendaal, where the scent of freshly baked rolls mingled with the cheerful chirping of birds. In the heart of the village stood a charming bookstore called "Book House of Van de Wiele." It was a place where words and stories filled the walls, and time seemed to stand still.

The owner of the bookshop, Mrs. Emma Van de Wiele, was a kind lady with a passion for books and a love for storytelling. Her shop was a treasury of literary treasures, and she knew every book it held.

On a quiet morning, as Mrs. Van de Wiele opened her bookstore, she was shocked to discover that one book was missing. It was not just any book but a rare copy of an old novel written by a local author, Jonas De Vries. The book was a valuable gem for the village, and it had vanished without a trace.

Mrs. Van de Wiele was bewildered and immediately started searching her bookstore. She checked every shelf, every stack of books, and even the dark corners where few ventured. But the book was nowhere to be found.

The absence of the book haunted Mrs. Van de Wiele. She decided to seek help from her friend and fellow villager, Mr. Sander de Graaf, a retired police inspector known for his keen eye for details.

Together, they embarked on a quest through Zonnendaal to solve the mystery of the missing book. They questioned villagers, scoured secondhand bookstores, and even visited flea markets in the surrounding villages. Yet their search yielded no trace of the precious book.

As they walked through the village, Mrs. Van de Wiele and Mr. De Graaf realized how much books had played a role in the lives of the villagers. The bookstore was not just a place where stories were sold but also a meeting place for book lovers.

One day, they struck up a conversation with an elderly woman named Mrs. Cornelia Koster, who told them about an old legend involving a lost book and an unsolved mystery. She spoke of a story passed down through generations: the tale of Jonas De Vries and his missing novel.

The story went that Jonas De Vries, a writer who had once honored the village with his words, had written his final novel as a gift to the community. The book contained hidden messages and clues that would be revealed only if treated in the right way.

Mrs. Van de Wiele and Mr. De Graaf realized that they were not just searching for a book but also for a legacy deeply intertwined with Zonnendaal's history. They began to believe that the missing book held a message that could bring the villagers closer together.

Together with Mrs. Koster, they deciphered the clues hidden within Jonas De Vries's other works. They learned that the missing book was located in a hidden spot in the village and that it held the key to restoring connections and nurturing a love for reading.

On a clear summer day, beneath the shade of an ancient oak tree in the village park, they found the missing book. It was concealed within a hollow tree, waiting to be rediscovered by the people of Zonnendaal.

Mrs. Van de Wiele reopened her bookstore and displayed the book, with a sign inviting villagers to read it and leave their thoughts and memories in the margins. The book became a communal treasure, a symbol of the bond among the villagers.

As the sun set over Zonnendaal, Mrs. Van de Wiele, Mr. De Graaf, and Mrs. Koster knew that the village's stories would always live on, both in books and in the hearts of the people who cherished them. The village of Zonnendaal was and would always be a place where words and stories thrived, and where the mystery of the lost bookstore became a chapter in the community's history.

Het Geheim van de Verloren Sterrenkijker

In het afgelegen dorpje Sterrendal, waar de nachtelijke hemel bezaaid was met duizenden fonkelende sterren en de stilte van de natuur heerste, speelde zich een mysterie af dat de inwoners in verwondering bracht.

Het dorp Sterrendal was omringd door weelderige bossen en uitgestrekte velden. Bewoners hadden een diepe liefde voor de sterren en de nachtelijke hemel, en ze kwamen vaak samen om de sterren te bestuderen met hun telescoop.

Op een heldere nacht, tijdens een bijeenkomst van sterrenkijkers, ontdekten ze dat de oude sterrenkijker, die generaties lang in het dorp was gebruikt, was verdwenen. De telescoop stond altijd op het uitkijkpunt aan de rand van het dorp, maar nu was hij spoorloos verdwenen.

De dorpelingen waren bedroefd en in de war. De sterrenkijker was een symbool van hun gemeenschap en hun liefde voor het heelal. Ze besloten om het mysterie van de verdwenen sterrenkijker te ontrafelen.

Tijdens de zoektocht naar de telescoop ontdekte Lisa, een jonge vrouw met een passie voor astronomie, een oud dagboek in de stoffige archieven van het dorp. Het dagboek behoorde toe aan een sterrenkijker uit het verleden, Elias genaamd, die diepgaande notities maakte over zijn observaties van de sterren.

Lisa begon het dagboek te lezen en merkte dat Elias enkele mysterieuze aanwijzingen achterliet over een verborgen schat die verband hield met de sterrenkijker. Hij schreef over een "sterrenpoort" en de sleutel tot het ontcijferen van de geheimen van het heelal.

Vastbesloten om de sterrenkijker terug te vinden en het raadsel op te lossen, begon Lisa een speurtocht naar de sterrenpoort. Samen met enkele mededorpelingen begon ze de aanwijzingen in het dagboek te volgen.

Hun zoektocht bracht hen naar afgelegen plekken in de natuur, waar ze de schoonheid van de nachtelijke hemel in volle glorie konden aanschouwen. Ze volgden de aanwijzingen van Elias en kwamen steeds dichter bij het oplossen van het mysterie.

Uiteindelijk, na vele nachten van speuren en staren naar de sterren, ontdekten ze de legendarische "sterrenpoort." Het bleek een oude grot te zijn, verborgen in het hart van het bos. Binnenin de grot vonden ze de verloren sterrenkijker, glanzend en onaangetast.

De dorpelingen vierden hun ontdekking en wisten dat Elias de telescoop met opzet had verstopt om hen een les te leren. De sterrenkijker was niet zomaar een instrument; het was een symbool van de eindeloze nieuwsgierigheid en de drang om de mysteries van het heelal te ontsluieren.

Het dorp Sterrendal hernieuwde zijn liefde voor de nachtelijke hemel en de sterren. Ze zouden de telescoop koesteren en blijven genieten van de schoonheid van het heelal, wetende dat sommige geheimen nooit volledig ontrafeld zouden worden.

The Secret of the Lost Telescope

In the remote village of Starhaven, where the night sky was adorned with thousands of shimmering stars and the silence of nature prevailed, a mystery unfolded that left the residents in awe.

The village of Starhaven was surrounded by lush forests and vast fields. Its residents had a deep love for the stars and the night sky, often gathering to observe the heavens with their telescope.

On a clear night, during a gathering of stargazers, they discovered that the old telescope, which had been used for generations in the village, had disappeared. The telescope had always been set up at the lookout point on the edge of the village, but now it was gone without a trace.

The villagers were saddened and bewildered. The telescope was a symbol of their community and their love for the cosmos. They decided to unravel the mystery of the missing telescope.

During the search for the telescope, Lisa, a young woman with a passion for astronomy, discovered an old diary in the dusty archives of the village. The diary belonged to a stargazer from the past named Elias, who had made profound notes about his observations of the stars.

Lisa began to read the diary and noticed that Elias had left some mysterious clues about a hidden treasure related to the telescope.

He wrote about a "star gate" and the key to deciphering the secrets of the universe.

Determined to find the telescope and solve the mystery, Lisa embarked on a quest to find the star gate. Along with some fellow villagers, she began to follow the clues in the diary.

Their search led them to remote places in nature, where they could witness the beauty of the night sky in all its glory. They followed Elias's hints and came closer and closer to solving the mystery.

Ultimately, after many nights of searching and gazing at the stars, they discovered the legendary "star gate." It turned out to be an ancient cave, hidden in the heart of the forest. Inside the cave, they found the lost telescope, gleaming and untouched.

The villagers celebrated their discovery and knew that Elias had hidden the telescope intentionally to teach them a lesson. The telescope was not just an instrument; it was a symbol of endless curiosity and the drive to unravel the mysteries of the universe.

The village of Starhaven renewed its love for the night sky and the stars. They would cherish the telescope and continue to enjoy the beauty of the cosmos, knowing that some secrets would never be fully unraveled.

De Betovering van het Vergeten Schilderij

In het pittoreske stadje Zonnewoud, waar de tijd leek stil te staan en de geplaveide straatjes omzoomd waren met geurende bloemen en ouderwetse lantaarnpalen, bevond zich een verborgen schat: de Galerie der Vergeten Kunst.

De galerie, met zijn oude houten vloeren en hoge schilderijenrekken gevuld met kunstwerken, was geliefd bij de inwoners van Zonnewoud. Het was een plek waar de tijdloze schoonheid van kunst tot leven kwam.

De eigenaresse van de galerie was een charmante dame genaamd Amelia. Ze was een mysterieuze figuur met zilverwit haar en sprankelende ogen. Amelia was niet zomaar een galeriehoudster; ze had een gave. Ze kon het juiste schilderij aan de juiste persoon aanbevelen, alsof ze de geheimen van hun ziel kende.

Op een regenachtige middag stapte Lucas, een jongeman met een onvervulde droom om kunstenaar te worden, de Galerie der Vergeten Kunst binnen. Hij keek vol bewondering naar de overvloed aan schilderijen en de rustige sfeer van de galerie. Lucas zocht inspiratie, en hij hoopte dat Amelia hem kon helpen.

Amelia glimlachte vriendelijk naar Lucas en informeerde naar zijn dromen en verlangens. Lucas deelde zijn passie voor schilderen en zijn wens om kunst te maken die mensen in vervoering bracht. Amelia knikte begrijpend en begon door de schilderijen te bladeren.

Uiteindelijk overhandigde Amelia Lucas een oud schilderij, met een verweerde lijst en vergeelde doeken. Het schilderij had als titel "De Betovering van Zonnewoud" en was gemaakt door een mysterieuze kunstenaar genaamd Elara. Amelia vertelde Lucas dat dit schilderij hem zou helpen zijn eigen dromen te vinden en te vervullen.

Lucas begon te schilderen en werd meteen betoverd door het verhaal dat het schilderij vertelde. Het toonde Zonnewoud in al zijn pracht, met zonovergoten straatjes en dansende bomen. Lucas voelde een vonk van inspiratie in zich opflakkeren.

Weken en maandenlang werkte Lucas onvermoeibaar aan zijn eigen kunstwerken. Hij bezocht de Galerie der Vergeten Kunst regelmatig, niet alleen om schilderijen te kopen maar ook om met Amelia over zijn voortgang te praten. Amelia moedigde hem aan en deelde haar inzichten over kunst en het najagen van dromen.

Lucas' kunst groeide en bloeide, net als de bloemen in de straten van Zonnewoud. Met toewijding en passie werkte hij aan zijn dromen, en langzaam maar zeker kwamen ze uit. Uiteindelijk voltooide hij zijn meesterwerk, dat hij "De Vergeten Betovering" noemde, als eerbetoon aan de galerie die hem zoveel had gegeven.

De opening van Lucas' expositie werd een groots evenement in Zonnewoud. De inwoners kwamen samen om zijn succes te vieren, en Amelia was de eregast. Lucas sprak over zijn reis, zijn inspiratie en de ongelooflijke steun die hij van Amelia en de Galerie der Vergeten Kunst had ontvangen.

Op dat moment besefte Lucas dat Amelia niet zomaar een galeriehoudster was; ze was een mentor, een gids en een vriend die anderen hielp hun eigen verhalen te vinden. Amelia onthulde haar eigen geheim: ze was Elara, de mysterieuze kunstenares achter "De Betovering van Zonnewoud."

Het stadje Zonnewoud eerde Amelia en Lucas als twee mensen die de kracht van kunst, dromen en inspiratie belichaamden. De Galerie der Vergeten Kunst bleef het hart van de gemeenschap, waar verhalen werden geboren en dromen werden gekoesterd.

The Enchantment of the Forgotten Painting

In the picturesque town of Sunwood, where time seemed to stand still and cobbled streets were lined with fragrant flowers and old-fashioned lampposts, there was a hidden gem: the Gallery of Forgotten Art.

The gallery, with its old wooden floors and high painting racks filled with artworks, was beloved by the residents of Sunwood. It was a place where the timeless beauty of art came to life.

The owner of the gallery was a charming lady named Amelia. She was a mysterious figure with silver-white hair and sparkling eyes. Amelia was not just a gallery owner; she had a gift. She could recommend the right painting to the right person as if she knew the secrets of their soul.

One rainy afternoon, Lucas, a young man with an unfulfilled dream of becoming an artist, entered the Gallery of Forgotten Art. He looked in awe at the abundance of paintings and the tranquil atmosphere of the gallery. Lucas sought inspiration, and he hoped Amelia could help.

Amelia smiled kindly at Lucas and inquired about his dreams and desires. Lucas shared his passion for painting and his wish to create art that would enchant people. Amelia nodded in understanding and began to browse through the paintings.

Eventually, Amelia handed Lucas an old painting, with a weathered frame and yellowed canvas. The painting was titled "The Enchantment of Sunwood" and was created by a mysterious artist named Elara. Amelia told Lucas that this painting would help him find and fulfill his own dreams.

Lucas began to paint and was immediately enchanted by the story the painting told. It depicted Sunwood in all its glory, with sunlit streets and dancing trees. Lucas felt a spark of inspiration igniting within him.

For weeks and months, Lucas worked tirelessly on his own artworks. He visited the Gallery of Forgotten Art regularly, not only to buy paintings but also to discuss his progress with Amelia. Amelia encouraged him and shared her insights on art and pursuing dreams.

Lucas's art grew and flourished, just like the flowers in the streets of Sunwood. With dedication and passion, he worked on his dreams, and slowly but surely, they came true. He eventually completed his masterpiece, which he named "The Forgotten Enchantment," as a tribute to the gallery that had given him so much.

The opening of Lucas's exhibition became a grand event in Sunwood. The residents came together to celebrate his success, and Amelia was the guest of honor. Lucas spoke about his journey, his inspiration, and the incredible support he had received from Amelia and the Gallery of Forgotten Art.

At that moment, Lucas realized that Amelia was not just a gallery owner; she was a mentor, a guide, and a friend who helped others find their own stories. Amelia revealed her own secret: she was Elara, the mysterious artist behind "The Enchantment of Sunwood."

The town of Sunwood honored Amelia and Lucas as two individuals who embodied the power of art, dreams, and inspiration. The Gallery of Forgotten Art remained the heart of the community, where stories were born, and dreams were cherished.

De Ontmoeting bij Zonsondergang

Op een warme zomerdag, aan de oevers van een schilderachtig meer, ontvouwde zich een bijzondere ontmoeting. Het meer was omringd door weelderige bossen en was een oase van rust in de drukte van het dagelijks leven.

Sophie, een jonge vrouw met een passie voor fotografie, had besloten om de zonsondergang bij het meer vast te leggen. Ze hield van de rust en de kleurenpracht die de avondzon over het water wierp. Met haar camera in de hand nam ze plaats op een verweerde houten steiger en wachtte op het perfecte moment.

Aan de andere kant van het meer zat David, een kunstenaar met een voorliefde voor schilderen. Hij was gekomen om de rust van het meer te omarmen en de kleurenpracht op doek vast te leggen. Met zijn schildersezel voor zich, doopte hij zijn penseel in de verf en begon aan zijn creatieve reis.

Sophie merkte David aan de overkant van het meer op en was gefascineerd door zijn toewijding aan zijn kunst. Ze begon zijn schilderij en penseelstreken vast te leggen met haar camera, geïnspireerd door de kunstenaar aan de overkant.

David voelde dat hij werd bekeken en keek op om te zien wie zijn onverwachte toeschouwer was. Toen hij Sophie met haar camera opmerkte, glimlachte hij vriendelijk en knikte als een teken van erkenning.

Een glimlach verscheen op Sophies gezicht en ze gebaarde naar David dat ze zijn schilderijen bewonderde. David knikte opnieuw en keerde terug naar zijn doek. De zon begon langzaam onder te gaan, en de lucht kleurde met tinten van oranje, roze en paars.

Sophie besloot om wat dichterbij te komen en stak voorzichtig het meer over op een kleine roeiboot. David observeerde haar bewegingen met belangstelling terwijl ze naderde. Toen ze bij hem aankwam, plaatste ze haar camera op de grond en begon met hem te praten.

Ze deelden verhalen over hun liefde voor kunst en de natuur. David vertelde over zijn schilderijen, geïnspireerd door de rust van het meer en de veranderende kleuren van de lucht. Sophie deelde haar passie voor fotografie en hoe ze momenten van schoonheid wilde vastleggen.

Terwijl de zon langzaam onderging, besloten ze om samen de prachtige zonsondergang te ervaren. Sophie pakte haar camera en begon foto's te maken van de lucht en het meer, terwijl David zijn schilderij met de laatste penseelstreken voltooide.

Toen de zon onder de horizon verdween en de sterren aan de hemel begonnen te fonkelen, wisten Sophie en David dat deze ontmoeting aan het meer een speciaal moment was geweest. Ze hadden elkaars passie voor kunst gedeeld en een band gesmeed in de stilte van de natuur.

De warme zomernacht viel, en ze besloten om samen terug te roeien naar de oever van het meer. Terwijl ze peddelden, spraken ze over hun toekomstplannen en dromen. Ze wisten dat dit meer voor altijd een bijzondere betekenis voor hen zou hebben, en de ontmoeting bij zonsondergang zou in hun harten blijven als een onvergetelijk moment van inspiratie.

En zo eindigde de warme zomerdag aan het meer, waar twee zielen elkaar vonden in de liefde voor kunst en de betovering van de natuur.

The Encounter at Sunset

On a warm summer day, on the shores of a picturesque lake, a special encounter unfolded. The lake was surrounded by lush forests and was an oasis of tranquility in the bustle of daily life.

Sophie, a young woman with a passion for photography, had decided to capture the sunset at the lake. She loved the serenity and the vivid colors that the evening sun cast over the water. With her camera in hand, she took a seat on a weathered wooden pier and waited for the perfect moment.

On the other side of the lake sat David, an artist with a penchant for painting. He had come to embrace the lake's tranquility and capture the vibrant hues on canvas. With his easel before him, he dipped his brush into the paint and began his creative journey.

Sophie noticed David on the opposite shore and was fascinated by his dedication to his art. She started to capture his painting and brushstrokes with her camera, inspired by the artist across the way.

David felt he was being watched and looked up to see who his unexpected spectator was. When he noticed Sophie with her camera, he smiled kindly and nodded as a sign of acknowledgment.

A smile appeared on Sophie's face, and she gestured to David that she admired his paintings. David nodded again and returned to his canvas. The sun began to slowly set, and the sky was painted in shades of orange, pink, and purple.

Sophie decided to come a bit closer and carefully rowed across the lake in a small rowboat. David observed her movements with interest as she approached. When she reached him, she placed her camera on the ground and began to talk to him.

They shared stories about their love for art and nature. David spoke about his paintings, inspired by the tranquility of the lake and the changing colors of the sky. Sophie shared her passion for photography and how she wanted to capture moments of beauty.

As the sun slowly dipped below the horizon, they decided to experience the beautiful sunset together. Sophie picked up her camera and started taking photos of the sky and the lake, while David completed his painting with the final brushstrokes.

When the sun disappeared below the horizon, and the stars began to sparkle in the sky, Sophie and David knew that this lake encounter had been a special moment. They had shared each other's passion for art and forged a bond in the silence of nature.

The warm summer night fell, and they decided to row back to the lake's shore together. As they paddled, they talked about their future plans and dreams. They knew that this lake would forever hold a special meaning for them, and the sunset encounter would remain in their hearts as an unforgettable moment of inspiration.

And so, the warm summer day at the lake ended, where two souls found each other in the love of art and the enchantment of nature.

De Magie van de Verloren Melodie

In het slaperige stadje Melodendorp, waar de straten altijd gevuld waren met vrolijke klanken en muzieknoten in de lucht dansten, speelde zich een buitengewoon verhaal af dat de harten van de inwoners beroerde.

Melodendorp stond bekend om zijn liefde voor muziek. Overal waar je keek, kon je muzikanten zien die hun deuntjes speelden op straathoeken, in parken en op pleinen. Maar het meest geliefde en magische instrument in het stadje was de verloren melodiepiano.

De verloren melodiepiano was een prachtig instrument dat ooit toebehoorde aan een beroemde componist, Elias, die in het stadje had gewoond. Het gerucht ging dat de piano de kracht had om de gevoelens en verlangens van de persoon die hem bespeelde in muziek uit te drukken.

Op een dag, tijdens een zeldzaam zware regenbui, werd de verloren melodiepiano uit het stadhuis gestolen. Het nieuws van de diefstal verspreidde zich als een lopend vuurtje door Melodendorp, en de inwoners waren diep bedroefd. De piano was niet alleen een instrument, maar ook een bron van inspiratie voor de hele gemeenschap.

Mara, een jonge vrouw met een uitzonderlijk muzikaal talent, besloot de zoektocht naar de gestolen piano te leiden. Ze geloofde in de kracht van muziek en de band die het stadje ermee had. Samen met enkele medebewoners begon ze aan een avontuur om de verloren melodiepiano te vinden.

Hun zoektocht leidde hen door de straten van Melodendorp en verder, naar geheime plekken waar muziek verborgen lag in elke hoek. Ze volgden aanwijzingen diep in de bossen, waar de geluiden van de natuur zich vermengden met de melodieën van de gestolen piano.

Na vele dagen van avonturen en ontmoetingen met andere muzikale zielen, ontdekten ze een verborgen grot waar de gestolen piano stond. Het was omringd door kaarslicht, en de melodieën die eruit voortkwamen, vulden de grot met emotie en hoop.

Mara en haar metgezellen wisten dat ze de piano niet zomaar konden terughalen; ze moesten laten zien dat ze de muziek in hun harten begrepen. Ze begonnen te spelen en creëerden een prachtige symfonie die het hart van de dief raakte.

De dief, een eenzame ziel die de kracht van muziek had onderschat, werd ontroerd door de muziek die Mara en haar vrienden speelden. Hij besloot de piano vrijwillig terug te geven, wetende dat hij in Melodendorp thuishoorde.

Toen de verloren melodiepiano weer veilig in Melodendorp was, vierden de inwoners het met een groots muziekfestival. Mara speelde de eerste noot op het gerecupereerde instrument, en de klanken die eruit kwamen, vulden de stad met vreugde en harmonie.

Het stadje Melodendorp werd herenigd door de kracht van muziek, en de gestolen piano bleek meer dan alleen een instrument; het was de ziel van de gemeenschap. De inwoners wisten dat ze samen door muziek konden worden verbonden, en dat de melodieën van hun harten nooit verloren zouden gaan.

En zo ging het leven verder in Melodendorp, waar de magie van de verloren melodiepiano niet alleen de inwoners inspireerde, maar ook de muziek en harmonie in hun harten versterkte.

The Magic of the Lost Melody

In the sleepy town of Melodyville, where the streets were always filled with cheerful sounds and musical notes danced in the air, an extraordinary tale unfolded that touched the hearts of the residents.

Melodyville was renowned for its love of music. Everywhere you looked, you could see musicians playing their tunes on street corners, in parks, and on squares. But the most beloved and magical instrument in the town was the lost melody piano.

The lost melody piano was a beautiful instrument that once belonged to a famous composer, Elias, who had lived in the town. It was rumored that the piano had the power to express the feelings and desires of the person who played it in music.

One day, during a rare heavy rainstorm, the lost melody piano was stolen from the town hall. The news of the theft spread like wildfire through Melodyville, and the residents were deeply saddened. The piano was not just an instrument but also a source of inspiration for the entire community.

Mara, a young woman with exceptional musical talent, decided to lead the search for the stolen piano. She believed in the power of music and the connection it had with the town. Along with some fellow townsfolk, she embarked on an adventure to find the lost melody piano.

Their quest took them through the streets of Melodyville and beyond, to secret places where music was hidden in every corner. They followed clues deep into the woods, where the sounds of nature merged with the melodies of the stolen piano.

After many days of adventures and encounters with other musical souls, they discovered a hidden cave where the stolen piano stood. It was surrounded by candlelight, and the melodies emanating from it filled the cave with emotion and hope.

Mara and her companions knew they couldn't simply reclaim the piano; they had to show that they understood the music in their hearts. They began to play and created a beautiful symphony that touched the heart of the thief.

The thief, a lonely soul who had underestimated the power of music, was moved by the music played by Mara and her friends. He decided to voluntarily return the piano, knowing it belonged in Melodyville.

When the lost melody piano was safely back in Melodyville, the residents celebrated with a grand music festival. Mara played the first note on the recovered instrument, and the sounds that emanated filled the town with joy and harmony.

The town of Melodyville was reunited by the power of music, and the stolen piano proved to be more than just an instrument; it was the soul of the community. The residents knew that through music, they could be connected, and the melodies of their hearts would never be lost.

And so life continued in Melodyville, where the magic of the lost melody piano not only inspired the residents but also strengthened the music and harmony in their hearts.

De Avonturen van Ella de Olifant

In het hart van de Afrikaanse savanne woonde een vrolijke en nieuwsgierige olifant genaamd Ella. Ze had grote, zachte oren en een geheugen dat zo sterk was als een fort. Ella was een opmerkelijke olifant, maar ze had één groot verlangen: avontuur beleven.

Op een stralende ochtend, terwijl de zon aan de horizon opkwam en de lucht gevuld was met het geluid van zingende vogels, besloot Ella dat het tijd was om haar dromen waar te maken. Ze stond op, zwaaide met haar slurf en begon aan een groots avontuur.

Haar eerste stop was een weelderig regenwoud, waar ze nieuwe vrienden maakte onder de bomen. Samen met haar vrienden, de nieuwsgierige apen en kleurrijke vogels, verkende Ella de geheimen van het woud. Ze speelden verstoppertje en deelden verhalen onder de sterrenhemel.

Vanuit het regenwoud reisde Ella naar de uitgestrekte woestijn, waar de zinderende hitte haar huid kietelde. Hier ontmoette ze een wijze oude schildpad die haar leerde over geduld en standvastigheid. Ze stak de zandduinen over, voelde het zachte zand onder haar poten en keek verwonderd naar de eindeloze horizon.

Ella vervolgde haar reis naar de ijzige toendra, waar ze met de majestueuze ijsberen speelde en de betoverende noorderlichten aanschouwde. De bevroren landschappen leken heel anders dan de warme savanne waar ze was opgegroeid, maar Ella ontdekte schoonheid in de diversiteit van de wereld.

Na haar avonturen over de hele wereld, keerde Ella terug naar haar vertrouwde savanne, met een schat aan ervaringen en verhalen om te delen met haar kudde. Haar vrienden hoorden vol bewondering naar haar avonturen en vroegen haar om meer verhalen te delen.

Ella, de avontuurlijke olifant, werd een legende in de savanne. Ze inspireerde anderen om hun dromen na te jagen en de wereld te verkennen. Haar grote oren werden de hoeders van talloze verhalen, en haar geheugen werd een schat vol avonturen.

En zo leefde Ella haar leven, altijd klaar voor het volgende avontuur en altijd bereid om de schoonheid van de wereld met anderen te delen. Haar naam werd synoniem met avontuur, en haar slurf zwaaide altijd in opwinding voor wat er nog zou komen.

The Adventures of Ella the Elephant

In the heart of the African savannah lived a cheerful and curious elephant named Ella. She had large, soft ears and a memory as strong as a fortress. Ella was a remarkable elephant, but she had one great desire: to experience adventure.

On a radiant morning, as the sun rose on the horizon and the air was filled with the sound of singing birds, Ella decided it was time to pursue her dreams. She got up, waved her trunk, and embarked on a grand adventure.

Her first stop was a lush rainforest, where she made new friends among the trees. Alongside her friends, the curious monkeys and colorful birds, Ella explored the secrets of the forest. They played hide and seek and shared stories beneath the starry sky.

From the rainforest, Ella traveled to the vast desert, where the scorching heat tickled her skin. Here, she met a wise old tortoise who taught her about patience and perseverance. She crossed the sand dunes, felt the soft sand under her feet, and marveled at the endless horizon.

Ella continued her journey to the icy tundra, where she played with the majestic polar bears and witnessed the enchanting northern lights. The frozen landscapes seemed vastly different from the warm savannah where she had grown up, but Ella discovered beauty in the world's diversity.

After her adventures across the world, Ella returned to her familiar savannah, with a treasure trove of experiences and stories to share with her herd. Her friends listened in admiration to her adventures and asked her to share more stories.

Ella, the adventurous elephant, became a legend in the savannah. She inspired others to pursue their dreams and explore the world. Her large ears became the guardians of countless stories, and her memory became a treasure trove of adventures.

And so, Ella lived her life, always ready for the next adventure and always eager to share the beauty of the world with others. Her name became synonymous with adventure, and her trunk waved in excitement for what was yet to come.